Agi Mishol

The Swimmers

Translations from the **Hebrew**

Copyright © Hebrew originals 1998
Agi Mishol

Copyright © translations 1998
Poetry Ireland/Éigse Eireann *and* The Tyrone Guthrie Centre.

Note: The poems in this collection are typeset for the English reader. We apologise for the inconvenience caused to readers of Hebrew.

Poetry Ireland Ltd./Éigse Éireann gratefully acknowledges the assistance of The Arts Council/An Chomhairle Ealaíon, the Arts Council of Northern Ireland and FÁS.

The International Translation Network is also grateful for funding from

The Ariane Programme of the European Union

Northern Arts, Newcastle upon Tyne

ISBN: 1-902121-17-1

Series Editor: Theo Dorgan
Typesetting: Sheila Phelan
Graphics: Niamh Morris
Hebrew Typesetting/Typography: Gofna Ltd.
Cover Design: Pearse O'Reilly at Fever
Cover Photographs: Ray Butler

Printed in Ireland by ColourBooks Ltd., Baldoyle Industrial Estate, Dublin 13.

Poetry Translation Seminars at
The Tyrone Guthrie Centre, Annaghmakerrig

In association with partners in a number of other countries, Poetry Ireland together with The Tyrone Guthrie Centre have been organising seminars for the translation of contemporary poetry since 1990.

These seminars have been conducted with the financial assistance of both Arts Councils in Ireland, the Ariane programme and, for some years, Northern Arts in the UK.

Two poets from a participating country are invited to Annaghmakerrig for one week and in the company of interpreters have their work translated to English by a team of up to ten poets, most of them Irish but including two British poets nominated by Northern Arts. The aim of the seminar is to produce in a week sufficient poems to enable Poetry Ireland to publish a bilingual volume of each guest poet's work. Reciprocal seminars are organised in the other participating countries, with teams assembled to translate and publish the work of Irish poets. The partner organisations in the network at present are based in Catalonia, France, Portugal, Italy, Turkey and Israel.

Our aims are these: to make available to readers in a number of countries a substantial body of work translated from other languages, reflecting and intervening in the rich mix of cultures which is our characteristic late-twentieth century experience; to introduce poets to the experience of translating and being translated in poet-to-poet encounters; to promote in the participating countries a lively interest in, and commitment to, the exploration of other cultures, other literatures. We have found that what separates us is at least as interesting as what we have in common. It is our hope that the sense of provocative encounter, of other worlds we can touch if not fully inhabit, is at least as lively for the reader as it has been for those of us translating and being translated.

— Theo Dorgan
Series Editor

European Network for the Translation of Contemporary Poetry

Fondation Royaumont
95270 Asnières-sur-Oise, France.

Künstlerhaus Schloss Wiepersdorf
Bettina von Anim Strasse 13, 14913 Wiepersdorf, Germany.

Poetry Ireland
Bermingham Tower, Dublin Castle, Dublin 2, Ireland.

The Tyrone Guthrie Centre
Annaghmakerrig, Newbliss, County Monaghan, Ireland.

Helicon Society For The Advancement Of Poetry In Israel
P.O. Box 6056, Tel Aviv 61060, Israel.

Marcos Y Marcos
Via Settala 78, 20124 Milano, Italy.

Casa De Mateus
5000 Vila Real, Portugal.

Revista Poesis
Str. Al. I Cuza nr. 2, Satu Mare 3900, Romania.

Ediciones Hiperion
Calle Salustiano Olozaga 14, 28001 Madrid, Spain.

Institucio De Les Lletres Catalanes/Editorial Columna
Carrer Tarongers 27, 08790 Gelida, Barcelona, Spain.

Baltic Centre For Writers And Translators
Uddens Grand 3, Box 1096, 621 21 Visby, Sweden.

Association Le Divan
Ipek Sokak no. 9, 8060 Beyoglu, Istanbul, Turkey.

Northern Arts
10 Osborne Terrace, Jesmond, Newcastle-Upon-Tyne NE2 1N2, United Kingdom.

Contents

אֲחֻזָּה	4	*Estate*
פָּרַת הַסֵּבֶל הַקְּדוֹשָׁה	6	*The Sacred Cow of Hardship*
אַחֲרָיוּת	8	*Responsibility*
נוֹקְטוּרְן I	10	*Nocturne 1*
נוֹקְטוּרְן II	16	*Nocturne 2*
מַשֶּׁהוּ	20	*Something*
שִׁיר לָאָדָם הֶחָלְקִי	22	*A Hymn to the Imperfect Man*
מַנְשִׁימָה	24	*Revival*
★	26	*The Shed*
★	28	*To Begin to Fall in Love with You . . .*
פַּפּוּאָה נְיוּ גִּינִי	30	*Papua New Guinea*
בַּהִיפֶּר	34	*In the Hypermarket*
הַשַּׂחְיָנִים	38	*The Swimmers*
גְּרָוִיטַצְיָה, הַמָּוֶת	40	*Gravity, Death*
★	42	*When I Died . . .*
הִתְגַּלּוּת	44	*Revelation*
לִפְנוֹת עֶרֶב	46	*Twilight*
★	48	*Caress*
	50	Biographical Note

אֲחֻזָּה

שׁוּם טַוָּסִים לֹא יִסְתּוֹבְבוּ אֶצְלִי
בֶּחָצֵר. דַּי שֶׁהַבֹּקֶר עָלִיתִי מִן הַכִּיּוֹר
אֶל טְרִיפְּטִיכוֹן פָּנַי וְרֻדָּה מִדַּי
לְטַעְמִי עִם כָּל הָהָאנִי בְּלוֹנְד
וְעוֹד בְּתַלְתַּלִּים אֱלֹהִים
אֵיזֶה קִיטְשׁ נִהְיֵיתִי
אָז לֹא טַוָּסִים.

וְגַם אֶרְכֹּשׁ לִי חֲזִיר
אֶרְכֹּשׁ אוֹתוֹ בִּשְׁבִיל הַיְכֹלֶת
לְהַגִּיד מִשְׁפָּטִים חֲדָשִׁים לְגַמְרֵי כְּמוֹ
לֵךְ תִּבְדֹּק מָה עִם הַחֲזִיר אוֹ
מְחִיר הַחֲזִיר
עָלָה
אֲבָל לֹא טַוָּסִים.

אָז אֲנִי הַחֲזִיר מֵהַבַּיִת הַקּוֹדֵם
שְׁכוּבָה עַל צִדִּי בִּשְׁלוּלִית הָעֶלְבּוֹן
וּדְחֹף תַּ"שְּׁמְשׁוֹנִית שֶׁלִּי לַחְמָנִיָּה שֶׁלִּי
גְּבִינָה רַכָּה שֶׁלִּי עַגְבָנִיָּה" כִּי לְחוּד
הַמִּלִּים וּלְחוּד אַתָּה
אֲנִי הַקִּפּוֹד הַנֶּחְמָד שֶׁתָּפַח לְדַרְבָּן
אֲנִי הַדַּרְבָּן הָאָיֹם הַמַּסְגִּיל וּמַכְפִּיל
אֶת עַצְמוֹ בְּכָל אִישׁוֹן מֵאִישׁוֹנֵינוּ
אֲנִי הַזְּבוּב הַיָּרֹק־מַתַּכְתִּי הַחוֹכֵךְ
כַּפּוֹתָיו מוּל פָּנֶיךָ וְזוֹמֵם עָלֶיךָ
רַע
גַּם אִם בָּרֶקַע מֵאֲחוֹרֵי גַּבִּי
מַתְחִילִים חַמְצִיצִים לְפַטְפֵּט אָבִיב
וּלְהַלְשִׁין עַל הַחַיִּים הָאִימְפְּרֶסְיוֹנִיסְטִיִּים שֶׁלִּי
וְעַל הַוֶּרֹד הַנָּקִי שֶׁאֲנִי פּוֹעֶרֶת לָעוֹלָם
כְּשֶׁאֲנִי מְפַהֶקֶת.

Estate

I will not have peacocks strutting around the place.
Bad enough, this morning, rising from the waters
to the triptych of my face in the mirror, far too pink
for my taste, all that honey-blonde
frizz of hair! God!
What a kitsch disaster I've become.
So, no peacocks.

I'm going to buy a pig.
I'm going to buy one so I can use
entirely new phrases, such as
'go and check on the pig' or
'I see the price of pigs has gone up'.
But, no peacocks.

So, now I'm the pig from the stanza up above,
sprawled on my side, wallowing in self-pity;
you can shove your *my tomboy, my muffin,
my white cheese, my blushing tomato*;
your cute hedgehog's a porcupine,
I am the terrible porcupine who purples
and multiplies in your eyes,
I am the green metallic fly, scheming,
rubbing her hands together, hatching
malice
even if behind my back
the groundsel's chattering spring,
speculating on my colourful life,
the clear pink chasm I show the world
when I yawn.

פָּרַת הַסֵּבֶל הַקְּדוֹשָׁה

בִּשְׁעַת הַבֵּין זְאֵב לְכֶלֶב מִסְתּוֹבֶבֶת בַּחֲצֵרִי פָּרַת הַסֵּבֶל הַקְּדוֹשָׁה
כְּאִלּוּ הִדּוּ פֹּה. פָּרַת טְלָאִים פָּרָה שְׁמֵנָה פָּרַאפָּרָא
פָּרָה יָא פָּרָה מָה אַתְּ מְחַפֶּשֶׂת בַּמָּקוֹם בּוֹ נוֹבֵט הָאוֹי הַאֵינֵךְ רוֹאָה
כַּמָּה אֲנִי עֲיֵפָה וַאֲפִלּוּ לֹא יוֹדַעַת אִם אֲנִי רוֹצָה לִישֹׁן
אוֹ לָמוּת.
יַבְּלִית הַפַּרְנָסָה מְכַסָּה אוֹתִי וּמַעֲבִירָה עָלַי לוֹכְסַן שְׁתִיקָה
וְאֵין לִי כְּלוּם חוּץ מֵחוֹם הַטִּמְטוּם שֶׁל עֵינַיִךְ וְגַם
אֵינִי בְּמֵיטָבִי, מְלַפֶּפֶת עַל הַכְּלוּם כְּכַעַךְ עַל חוֹר
וְהַצְּחוֹק שֶׁלִּי הוּא הֶבֶל נָשׁוּף וְהַפָּנִים שֶׁלִּי הֵם הֲבֵל הֲבָלִים
וְגוּפִי הוּא הַבְּלוּתָא אַחַת גְּמוּרָה מִצַּד אֶחָד
הַפַּחַדָּמָוֶת הוֹיָה וּמִצַּד שֵׁנִי בְּהִיָּתֵךְ
דָּבָר אֶחָד בָּטוּחַ אֲדֹנָי רוֹעִי
שֶׁאָבוּד לִי פֹּה
שֶׁלֹּא הֶחְלַטְתִּי אִם לִשְׁחֹט אוֹתָךְ אוֹ לִכְתֹּב אוֹתָךְ
כְּשֶׁאַתְּ נָחָה בַּסִּימָן הַגְּרָפִי שֶׁבֵּין הַבָּתִּים לוֹקַחַת אֶת הַחַיִּים
בְּאֹפֶן לֹא אִישִׁי כְּמוֹ זְקֻפַּת בֹּקֶר. כְּבָר קוֹפְצוֹת לִי
שׁוּרוֹת עָלַיִךְ עַל הַוָּרֹד הַנִּפְלָא הָאָצוּר בַּעֲטִינַיִךְ עוֹדוֹ פָּקוּק
בְּקוֹנְטוּר סָגוּר כְּשֶׁאֲנִי בּוֹדָה וּבוֹדָה עָלַיִךְ מִגְדָּלִים מִלּוּלִיִּים
אִם כִּי אֵין סֵבֶל בַּמִּלָּה סֵבֶל וּבַסּוֹף תִּנָּעֵץ בִּי חֶרֶב הַפִּיפִיּוֹת
שֶׁהַשִּׁירָה שֶׁלִּי מַפְנָה כְּלַפֵּי עַצְמָהּ.

The Sacred Cow of Hardship

In the hour between dog and wolf the sacred cow of hardship
promenades through my garden
as if this were India. A brindled cow, a fat cow —
cow! hey, cow! what are you looking for here in the garden
where the *Oi* grows? Can't you see
I'm so tired I don't know whether I want to sleep or die?
The couch grass of making a living is all over me,
it binds me in a web of silence.
I am left with nothing except the brown stupor of your eyes,
I'm not at my best now, either, coiled round a void like a pretzel
round its empty core;
my laughter is vanity given breath and my face the vanity of
vanities, my body is one great folly. To one side
the fear of death, to the other
your bovine bewilderment.
One thing's for sure, dear Lord, my Shepherd,
this world has done for me
and I can't make up my mind whether
to do for you, cow, or to put you in a poem
as you stand there like a graphic mark between stanzas, taking life
impersonally, like a morning erection. Lines already spring to
mind, about you, about the gorgeous pink packed in your
sumptuous milk-heavy udder,
as I build on your stillness a tower of words —
though there is no hardship in the word hardship
and in the end I will be impaled on the two-edged sword my
poem directs at itself.

אַחֲרָיוּת

בֶּחָצֵר הָאֲחוֹרִית
פּוֹרֵחַ הַיּוֹם
לְיוֹם
הַקַּקְטוּס הַזֶּה שֶׁשְּׁמוֹ
לֹא יָדוּעַ לִי
וְאִם אֲנִי לֹא אֶרְאֶה אוֹתוֹ
מִי יִרְאֶה?

Responsiblity

In the backyard
there blooms today
for a day only
that cactus whose name
is unknown to me
and if I do not see it
who will?

נוֹקְטוּרְן I

א.

בְּתוֹךְ הַבַּיִת
הַכֹּל אָגוּר:
הַסֻּכָּר בַּצִּנְצֶנֶת,
הַלֶּחֶם בְּאַרְגַּז
הַלֶּחֶם,
הַסַּכִּין בַּמְּגֵרָה,
הָאֹכֶל בַּקְּדֵרָה,
הָרוּחוֹת הָרָעוֹת
בֵּין קִפְלֵי הַוִּילוֹן,
זֶה עַל גַּבֵּי זֶה
הַצִּפּוֹת
הַצִּפִּיּוֹת
הַתַּחְתּוֹנִים
הֶחָזִיּוֹת,
הַכֹּל אָגוּר:
הַמּוּסִיקָה בַּחֲרִיצֵי הַתַּקְלִיטִים,
הָעַכְבְּרוֹשׁ בַּעֲלִיַּת
הַחֲפָצִים הַדְּחוּיִים.

Nocturne 1

I

In the house
everything is contained:
sugar in the jar,
bread in the bread
bin,
knives in the drawer,
food in the pot,
evil spirits in the folds of the curtains.
One on top of the other
pillowcases
blankets
underwear
bras
everything is contained:
the music in the grooves of the records
the rats in the attic
of unwanted items.

ב.

אִם תָּקוּם הָאִשָּׁה מִמִּטָּתָהּ
וְתִפְתַּח אֶת הַמְקָרֵר,
אֶפְשָׁר יִהְיֶה לִרְאוֹת אֶת פָּנֶיהָ,
אֶפְשָׁר יִהְיֶה לִרְאוֹת אֶת מַבָּטָהּ
בַּגְּבִינָה הַמַּבִּיטָה חֲזָרָה מֵחוֹרֶיהָ,
אַךְ בָּאוֹר הַזֶּה הַחִוֵּר,
רוֹאִים שֶׁרַעֲבוֹנָהּ פָּעוּר
לְאוֹר אַחֵר
וְלֹא לַכְּחַלְחַל הַמְרַצֵּד
מִן הַטֶּלֶוִיזְיָה,
לֹא לָאָדֹם הַבּוֹקֵעַ
מִן הַשָּׁעוֹן הַמְעוֹרֵר
אוֹ לְנֵיאוֹן הַיָּרֵחַ
הַמַּנְצִיץ אֶת נִבְרֶשֶׁת נִשְׁמָתָהּ.
אוֹר אַחֵר
הִיא צְרִיכָה
בַּלַּיְלָה הַמַּמְתִּין כְּכֻרְסַת עוֹר שְׁחוֹרָה
לְבָלְעָהּ.

II

If the woman should rise from her bed
and open the fridge
it will be possible to see her face,
it will be possible to see her gaze
in the cheese looking back from its holes,
but in this pale light
it will be clear that she is hungry
for another light,
not the flickering blue
from the television
not the red projected
from the digital alarm clock
nor the neon moon
igniting the lamp of her soul.

A different light
she requires
in the night which is waiting
like a black armchair
to swallow her.

ג.
לֹא סְתָם אֲנִי עוֹמֶדֶת כָּךְ בַּלַּיְלָה
גְּחוּנָה עַל הַכִּיּוֹר
מְאַיֶּשֶׁת אֶת עֶמְדָּתִי
וְשָׁרָה לַמֶּרְחָק
דּוּגִית נוֹסַעַת

כִּי כָּל
מַה שֶּׁיָּכוֹל
מִתְרַחֵק מִן הָאֲדָמָה:
עֲשַׁן הָאֲרֻבָּה,
תְּפִלָּה,
קְפִיצוֹת הָאֹשֶׁר

אַךְ בְּנֵי הַבַּיִת נוֹשְׁמִים כְּמוֹ צֹאן
יְשֵׁנִים בְּחַדְרָם אֲדֹנָי רוֹעָם

וּמִתַּחַת לַבַּיִת מֵי הַתְּהוֹם
וּמִתַּחַת לַתְּהוֹם
לַבָּה שֶׁל עַצְלוּת.

III

Not for nothing do I stand like this in the night
leaning over the sink
manning my position
singing to the distance
row, row, row the boat . . .

For everything
that can
leaves the earth:
smoke from chimneys,
a prayer,
leaps of joy.

Yet the people in the house breathe as a flock,
asleep in their rooms, the Lord is their shepherd,
and under the house ground water
and under the water
a lava of apathy.

נוֹקְטוּרְן II

שׁוּב מְגָרֵם הַבַּעַל אֶת אִשְׁתּוֹ
וְזוֹ מַצְוִיצָה קְצָת בְּרַדְרָכָּהּ
אֶל הַשֵּׁנָה.
מֵעֲלֵיהֶם מָתוּחַ גַּג שֶׁל רְעָפִים,
חֹשֶׁךְ, כּוֹכָבִים.
בְּשָׁעָה זוֹ הַבּוֹדְדִים
מַבְדִּידִים עוֹד יוֹתֵר
מִתַּחַת לִשְׂמִיכָתָם
וְכֶּרֶוֶן הַמַּקְשִׁית צְוָחָה לְרֹחַב הַלַּיְלָה
הוּא פַּסְקוֹלָם.

בְּשָׁעָה זוֹ הוֹגֶה הַבַּעַל בְּפֵרוֹתָיו.
לֹא הַרְחֵק מִכָּאן, שְׁקֵטִים בֵּין הֶעָלִים
הֵם תּוֹפְחִים בִּשְׁבִילוֹ
מַבְשִׁילִים, מַעֲסִיסִים
וְכַמָּה נֶחָמָה יֵשׁ (הוּא הוֹגֶה) בִּנְדִיבוּתָם,
כָּל שָׁנָה הֵם מוֹשִׁיטִים אֶת פִּרְיָם
וְכַמָּה מַרְגִּיעָה חֲזָרָתָם הַמְּדֻיֶּקֶת
שֶׁל הָאֵרוּעִים: הַחַמְצִיצִים,
הַסַּבְיוֹנִים, וְהַלּוֹפֶתֶת הַהִיא שֶׁשְּׁמָהּ
הַפְּרָטִי (בִּזְמִית?) תָּמִיד
מִשְׁתַּכֵּחַ מִמֶּנּוּ.

Nocturne 2

Again the husband gnaws his wife
and she chirps a bit on her way
to sleep.
Over them stretches a tiled roof,
darkness, stars.
At this hour the lonely
under the bedclothes
grow more lonely.
And the curlew who arcs his cry across the night
is their soundtrack.

At this hour the husband thinks about his fruits.
Not far from here silent among the leaves
they swell for him ripening full of juice
such comfort (he thinks) in their abundance,
each year they offer themselves
and how soothing the timely reappearance
of new growth: wood-sorrel,
the yellow weed and the clinging one
whose name (dead nettle?)
he always forgets.

הַפֵּרוֹת הַקְּרִירִים תּוֹפְחִים
וּמַבְשִׁילִים לְאַף אֶחָד
וַאֲפִלּוּ הַשֵּׁם הַיָּפֶה אֲפַרְסְמוֹן
שֶׁנָּתְנוּ לָהֶם בְּנֵי הָאָדָם
לְהַבְדִּילָם מִפֵּרוֹת אֲחֵרִים
נֶעְלַם מֵהֶם.

בְּשָׁעָה זוֹ שׁוֹלַחַת הָאִשָּׁה
אֶת יָדָהּ
וּבְאֶצְבַּע אַחַת מְכַסָּה
אֶת הַקַּו הַפָּשׁוּט
שֶׁבֵּין רַגְלֶיהָ
בְּאֶצְבַּע אַחַת מְהַסָּה
אֶת מִנְהֶרֶת הַחַיִּים.

בַּמַּטָּע מְרַחֶפֶת מַחֲשָׁבָה
לְלֹא חוֹשֵׁב
עַל חֹסֶר הַדִּמְיוֹן שֶׁל הַטֶּבַע.
הַכֹּל בְּעִתּוֹ. עַצְבוּתוֹ
הָאֵינְסוֹפִית שֶׁל הַמַּעְגָּל.
עֶלְבּוֹן הַבְּרֵרָה הָאַחַת.
אַף אֲפַרְסְמוֹן לֹא יַצְמִיחַ מְלָפְפוֹן.

The cool fruits swell
ripening for no one
even the beautiful name persimmon
given them by men
to distinguish them from other fruits
is unknown to them.

At this hour the woman
reaches down
and with one finger covers
the simple line
between her legs
with one finger hushes
the tunnel of life.

In the orchard hovers the thought
without a thinker
of nature's lack of imagination.
Everything in its season. The endless
sorrow of the circle.
The insult of only one choice.
No persimmon will grow a cucumber.

מַשֶּׁהוּ

מַשֶּׁהוּ
אֵיזֶה צְלִיל
מִישֶׁהוּ מֵהָעֲנָנִים שֶׁשָּׁר
אַיְם סִינְגִינְג אִין דֶה רֵין
אוֹ אַרְמִינָדָה קַנְטָרוֹס
הַמְנַגֶּנֶת טַנְגוֹ בִּפְסַנְתֵּר יָשָׁן
מִתּוֹךְ קָסֶטָה
הִזְכִּירוּ לִי
שֶׁאוֹתִי
אוֹתִי אֲנִי שָׁכַחְתִּי

זוֹ שֶׁמִּתַּחַת לָעוֹרְבִים
לְיַד הַוֶּרֶד הַצָּהֹב

Something

something
a kind of resonance
someone in the clouds humming
I'm singing in the rain
or a cassette
of Arminada Cantaros
playing tangos on an old piano
reminded me
that it's me
me
I've forgotten

the one under the ravens
by the yellow rose.

שִׁיר לָאָדָם הַחֶלְקִי

פָּגוּם כְּמוֹ שֶׁהוּא, אָהוּב וְחָמוּל כָּמוֹהוּ
כָּכָה כְּמוֹ שֶׁהוּא, כָּעוּס וְחָצוּי
רָעֵב צָמֵא רוֹטֵן רוֹצֶה וְחָג
עַל פְּנֵי תְּהוֹם
שִׁיר לָאָדָם הַנִּפְלָט לֹא מְלֻטָּף
מֵחֲלוֹמוֹת הַלַּיְלָה אֶל חֲלוֹמוֹת הַיּוֹם
מְכַחְכֵּחַ מְלַעְלֵעַ מְגַשֵּׁשׁ אַחַר נְעָלָיו
כְּמוֹ שֶׁהוּא, עִם מֵעָיו הַמְקַרְקְרִים
וְהוֹדְפִים דְּבַר מָה, שֶׁעוֹד מְעַט יִהְיֶה
צוֹאָה וְהוֹגֶה בְּרָעָב הָאַהֲבָה
רַע רַע רָעָב הָאַהֲבָה
קָפֶה רַב לֹא יְכַבֶּה, זֶהוּ
שִׁיר לַזֶּרֶם הַנִּרְפֶּה שֶׁל מַחְשְׁבוֹתָיו
כְּמוֹ שֶׁהוּא, הַסְּתָמִי הַבּוֹהֶה
הַצָּבוּט כְּלַפֵּי מַעְלָה מִתְגַּעְגֵּעַ וְכָמֵהַּ
לְאֵיזֶה דָּבָר, שִׁיר לְפִצְעוֹ
הֲלֹא שׁוֹתֵת
לִפְקַעַת עֶלְבּוֹנוֹ הַשְּׁקֵטָה, לַסִּיגַרְיָה
עָלֶיהָ הוּא נִשְׁעָן כָּעֵת
כְּשֶׁהוּא מִתְיַשֵּׁב אֶל שֻׁלְחָנוֹ
כְּמֵסֵב סוֹף סוֹף לְאֵיזֶה שֶׁקֶט
זֶהוּ שִׁיר לְדַפָּיו הַצְּחוֹרִים, נְשִׁיקָה
לְעֵינָיו שֶׁמָּצְאוּ מָנוֹחַ בְּפוּכֵי עֲנָנִים –

A Hymn to the Imperfect Man

Flawed as he is, beloved and pitied just as he is,
angry, at odds with himself,
thirsting and hungering, grumbling and wanting, circling
over the abyss.
A hymn to the man cast up, desolate,
from the dreams of night into the dreams of day,
clearing his throat, hawking and groping for his shoes,
the man just as he is, with his belly rumbling,
his gut cramping; soon
he will defecate, and meditate on the thirst for love —
oh that bad, bad thirst for love,
all the coffee in the world can't quench it.

This is a hymn to the torpid stream of his thoughts,
the man just as he is, vacant and bewildered,
plucked upwards, yearning and longing
for something, anything; a hymn to his inner wound,
the knot of his mute hurt, the cigarette
he drags on now
as he sits to his desk
as if to feast at last on silence.
This is a hymn to his pristine pages, a kiss
for his eyes that rest on the softness of clouds.

מַנְשִׁימָה

בִּזְכֶּרֶת בִּנְאוּם קָטָן שֶׁחִבַּרְתִּי
בֵּינִי לְבֵין עַצְמִי עַל זֶה
שֶׁאֲנִי מְהַסָּה אֶת חַיַּי
כְּדֵי לִשְׁמֹעַ שִׁירָה
שֶׁתָּבוֹא אִם אֵלֵךְ
חֲצִידֶרֶךְ לִקְרָאתָהּ

בְּמָקוֹם זֶה אֲנִי מַנְשִׁימָה
אֵיזֶה אָהוּב מָנוֹחַ

בְּחֹד הָעֵט מַפִּילָה אוֹתוֹ
אֶל קַרְשֵׁי הַדַּף
וְסוֹפֶרֶת עַד תֵּשַׁע.

Revival

Suddenly I recall a short monologue I composed
between me and myself
about having some silence in my life
to meet the poetry
that will come if I go
halfway towards it.

Instead I revive
some late lover.

With the point of the pen I knock him flat
to the canvas of the page
and count up to nine.

★

אֶתְמוֹל עָבַרְתִּי בִּמְכוֹנִית לְיַד בֵּיתֵךְ
וְרָאִיתִי שֶׁהַצְּרִיף עוֹדֶנּוּ שָׁם
וְחָשַׁבְתִּי (צְנוּפָה כָּכָה בִּמְכוֹנִית)
שֶׁאִישׁ לֹא אָהַב אוֹתִי כְּמוֹ שֶׁאָהַבְתְּ אוֹתִי אָז
בַּצְּרִיף הַזֶּה שֶׁקָּרְאוּ לוֹ לִיפְט
שֶׁבּוֹ לָרִאשׁוֹנָה עִשַּׁנְתִּי וְשָׁתִיתִי וְאִבַּדְתִּי
(לֹא בְּצַעַר) אֶת בְּתוּלַי
לְתוֹךְ הַפִּיצִיקָטוֹ שֶׁל פָּגָנִינִי
מִפָּטֶפוֹן
שֶׁיָּכוֹל הָיָה לְהַחֲלִיף בְּעַצְמוֹ
עֲשָׂרָה תַּקְלִיטִים.

וְשֶׁאִישׁ לֹא מָרַח לִי כָּמוֹךְ
אֲבוֹקָדוֹ עַל לֶחֶם לָבָן
זוֹרֶה עָלָיו, לִכְבוֹד הַהוּנְגָרִיּוּת שֶׁלִּי,
פַּפְּרִיקָה אֲדֻמָּה וְקוֹרֵא לִי:
תַּפּוּחַ.

The Shed

Yesterday, driving past your house,
I saw that the shed's still there
and I thought (huddled in the car)
that nobody loved the way you did then
in that shed we called 'the box'
where I first smoked and drank and lost
(without sorrow) my virginity
to Paganini's pizzicato
from a record player
that could stack ten discs.

And no one could spread me like you
avocado on white bread,
pouring me, in honour of my being Hungarian,
red paprika, calling me
      Apple.

★

לְהַתְחִיל לְהִתְאַהֵב בְּךָ כְּלוֹמַר
לָנוּעַ בְּתוֹךְ הַיֹּפִי לַכִּוּוּן שֶׁלְּךָ
כְּלוֹמַר לִהְיוֹת פּוֹנָה אֵלֶיךָ לְגַמְרֵי
לְהִשְׁתַּהוֹת עָלֶיךָ בְּצוּרָה חֲרִיגָה
הַהִתְקַסְּמוּת
כְּלוֹמַר הַכִּשָּׁרוֹן שֶׁלִּי לְהִטַּמְטֵם וְגַם
לְהֵחָשֵׂף כָּל כָּךְ לִכְאֵב בְּשָׁעָה
שֶׁהַלֵּב עָט לוֹ בְּחֶדְוָה עַל הַמְּצוּקוֹת
וְהַשֵּׂכֶל הַטִּפֵּשׁ בַּיָּצִיעַ
מְפַטֵּם מִקְטַרְתּוֹ

לְהִתְאַהֵב בְּךָ זֶה לְהַכְנִיס בּוֹ כַּדּוּר
לְהַכְנִיס בּוֹ מַמָּשׁ
לִפְנֵי נְאוּמוֹ שֶׁלָּאֱהֹב אוֹתְךָ זֶה
לְהַתְחִיל כְּבָר אֶת הַמָּוֶת הַגָּלוּם בָּאַהֲבָה
מִיָּד עִם הִוָּלְדָהּ כְּשֶׁהִיא מַתְחִילָה
לָנוּעַ עַל סַרְגֵּל הַזְּמַן
בְּלִי שֶׁנֵּדַע אֶת מֶשֶׁךְ חַיֶּיהָ אוֹ
כַּמּוּת הַחֹמֶר שֶׁבָּהּ
אִם תְּאֻכַּל בִּשְׂרֵפָה מַרְהִיבָה
אוֹ תִּבְעַר לְאִטָּהּ כְּלוֹמַר
הַסְּטָמִינָה שֶׁלָּהּ
מִלָּה יָפָה סְטָמִינָה סְטָמִינָה –

Untitled

To begin to fall in love with you, that is to say
to move in beauty in your direction,
that is to say to be always turned towards you
to dwell on you outlandishly,
the being-enchanted,
that is to say my talent for being besotted and also
for being exposed so to pain
when the heart leaps joyfully into despair
and the stupid intelligence up on the balcony
fills his pipe.

To fall in love with you is to shoot him down,
to really do him in
before his declaration: to love you is
to have already begun the death concealed in love
from birth,
when it begins to move upon the rule of time
not knowing its span or what it's made of,
whether it will be consumed in spectacular flames
or smoulder, that is to say
can you make it last . . . its stamina
a nice word stamina stamina.

פַּפּוּאָה נְיוּ גִּינִי

אֲנִי אוֹהֶבֶת לְהַגִּיד פַּפּוּאָה נְיוּ גִּינִי.
אַחֶרֶת לֹא הָיִיתִי בָּאָה לְכָאן.

בַּעְלִי אַנְטוֹנְיוֹ מְחַבֵּק אוֹתִי מֵאָחוֹר וְלוֹחֵשׁ
לִפְנֵי שֶׁהוּא נִרְדָּם:
תֹּאהֲבִי אוֹתִי יוֹתֵר מִמַּה שֶּׁאֲנִי אוֹהֵב אוֹתָךְ

וַאֲנִי מְלַטֶּפֶת אֶת פָּנָיו וְאוֹהֶבֶת אוֹתוֹ יוֹתֵר
מִמַּה שֶּׁהוּא אוֹהֵב אוֹתִי
בִּכְלָל לֹא אִכְפַּת לִי לְשָׁבוּעַ
לֶאֱהֹב אוֹתוֹ יוֹתֵר, אַחֲרֵי הַכֹּל
קָשִׁים חַיָּיו שֶׁל שַׁגְרִיר פּוֹרְטוּגָל:
הַמַּעֲצָמוֹת מְאַיְּמוֹת
וּשְׁנָתוֹ כֹּה טְרוּפָה וְנוֹדֶדֶת
אֶל תּוֹר הַזָּהָב שֶׁל הַקּוֹלוֹנְיוֹת,
מִלִּים כְּמוֹ אַנְגּוֹלָה, מַקָאוֹ, קוֹשִׁין וַנַּמְפּוּלָה
מַפְלִיגוֹת לְאָחוֹר כִּסְפִינוֹת עֵץ עַתִּיקוֹת בְּתוֹךְ דָּמוֹ
וְהוֹפְכוֹת אֶת נַחֲרוֹתָיו לְקִינָה וְלֹא פַּעַם
הוּא נִשְׁנָק חָרֵד וּמוּבָס וּמַגִּיעַ לוֹ
שֶׁאֹהַב אוֹתוֹ יוֹתֵר.

אֲנִי נְדִיבָה וּמְמַלֵּאת
אֶת הַזְּרוֹעוֹת הַחֲדָשׁוֹת הָעוֹטְפוֹת אוֹתִי
כְּשֶׁלֵּב זָר מַפְצִיר בְּגַבִּי
כִּי הַצִּפֳּרִים בְּפַפּוּאָה נְיוּ גִּינִי צִבְעוֹנִיּוֹת
וְקוֹלָן כֹּה מָתוֹק וּמְפַתֶּה מִבַּעַד לַוִּילוֹן שָׁם
מֵאִיר הַיָּרֵחַ גַּם אֶת חַיֵּי הַקּוֹדְמִים.

Papua New Guinea

I love to say Papua New Guinea.
I wouldn't have come here otherwise.

My husband Antonio hugs me from behind and whispers
before he falls asleep
love me more than I love you.

And I stroke his face and I love him more,
more than he loves me;
I don't mind, for a week,
loving him more — after all
it's a hard life, being the Portuguese Ambassador:
the Great Powers threaten
and his sleep is disturbed, he swims
in the Golden Age of the Colonies;
words like Angola, Macao, Cochin and Nampula
sail backward in his blood like ancient wooden ships,
turn his snores to elegies.
Choking on fear, defeated,
he deserves that I love him more.

I'm feeling generous, and fill
these arms that wrap me
as a stranger's heart begs at my back,
because the birds of Papua New Guinea are so colourful,
their voices sweet and tempting through the curtain
where this same moon shines on my other life.

וְאֵיזוֹ זִקִּית כִּשְׁרוֹנִית אֲנִי.
כְּשֶׁאֲנִי זוֹחֶלֶת עַל פַּפּוּאָה נְיוּ גִּינִי
אֲנִי מְשַׁנָּה אֶת צְבָעַי לִצְבָעֶיהָ,
וּכְשֶׁאֲנִי זוֹחֶלֶת עַל גּוּפוֹ שֶׁל אַנְטוֹנְיוֹ
אֲנִי מְשַׁנָּה אֶת צְבָעַי לִצְבָעָיו כִּי צָרִיךְ
לָקַחַת מִן הַחַיִּים כָּל מַה שֶּׁהֵם נוֹתְנִים
וַאֲנִי לוֹקַחַת.
כְּלוֹמַר נוֹתֶנֶת.

בַּעְלִי מְסֻדָּר לְהַפְלִיא.
אֲפִלּוּ הָאַפִּיפְיוֹר הַתָּלוּי עַל קִיר חֲדַר הַשֵּׁנָה שֶׁלָּנוּ
מְחַיֵּךְ שְׂבַע רָצוֹן לְמַרְאֵה הַסֵּדֶר הַמּוֹפְתִי:
נַעַל בְּצַד נַעַל,
הַחֻלְצָה וְהַמִּכְנָסַיִם מְקֻפָּלִים,
שְׁעוֹן הַיָּד עַל הַשִּׁדָּה.

בַּעְלִי שׂוֹנֵא שֶׁאֲנִי יְשֵׁנָה עִם שָׁעוֹן.
אֲבָל אֲנִי אוֹהֶבֶת בַּלַּיְלָה אֶת תִּזְמוּר הַקְּצָבִים
שֶׁל דֹּפֶק הַלֵּב וְהַצִּקְצוּק הַדִּיגִיטָלִי
כְּשֶׁפַּעַר אִירוֹנִי מָתוּחַ בֵּינֵיהֶם.

עַכְשָׁו אֲנִי נִרְגַּעַת לְתוֹךְ גּוּפוֹ הַנָּעִים.
יַשּׁוּ הַזָּהָב הַמִּשְׁתַּלְשֵׁל מִצַּוָּארוֹ
שָׁמוּט, מְעַלֵּף וּמְדַגְדֵּג אֶת עוֹרִי.

אֲנִי יְהוּדִיָּה וַאֲנַחְנוּ עֲרֻמִּים.
מַה חוֹשֵׁב עָלֵינוּ יוֹחָנָן הַלָּבוּשׁ
הֶחָבוּשׁ מִצְנֶפֶת וְשַׁרְבִיט בְּיָדוֹ.

חַת שְׁתַּיִם שָׁלֹשׁ הוּא אֲחַשְׁוֵרוֹשׁ
וַאֲנִי אֵשֶׁת הַשַּׁגְרִיר בְּפַפּוּאָה נְיוּ גִּינִי.

What a talented chameleon I am.
When I crawl over Papua New Guinea
I change my colours to its colours,
and when I crawl over Antonio's body
I change my colours to his colours — one must
take from life everything it offers,
and I take.
Which means I give.

My husband is wonderfully neat.
Even the Pope on our bedroom wall
smiles satisfied at such immaculate order.
Left shoe beside right shoe,
shirt and trousers folded,
watch on the bedside table.

My husband hates when I wear my watch
but at night I like the orchestration
of rhythmic pulse and tick,
the ironic gap between them.

Now I relax into his pleasant body,
the gold cross around his neck
hangs limply, tickles my skin.

I am Jewish and we are naked.
What does John Paul think of us
in his cope and mitre, his staff in his hand?

He's the king of the castle,
I am wife of the Ambassador to Papua New Guinea.

בַּהִיפֶּר

1.

בְּסִמְטוֹת הַהִיפֶּר אֲנִי דּוֹחֶפֶת עֲגָלָה כְּמוֹ אֹמֶן
שֶׁל שְׁתֵּי הַכְּרוּבִיּוֹת מְנַוֶּטֶת עַל פִּי שִׁירְשִׁימַת הַקְּנִיּוֹת
שֶׁיָּצָא לִי הַבֹּקֶר מֵעַל לַקָּפֶה.
כּוֹתְרוֹת הַמִּבְצָע מִתְנַפְנְפוֹת לַמְעַיְּנִים
בְּסוּגַת הָרְכִיבִים שֶׁל כְּרִיכוֹת הַמָּזוֹן וּקְלַיְדֶרְמַן
מַנְעִים לָעוֹפוֹת הַקְּפוּאִים. גַּם אֲנִי
שֶׁחַיַּי עֲשׂוּיִים רַק מֵחַיִּים, מִתְנַהֶלֶת בְּעִקּוּל הַדּוּגְלִי
אֶל מַר פְּלִינְקֶר הַמַּמְתִּיק לְתוֹךְ אָזְנִי כִּי זֶה רַק הַגּוּף
שֶׁמִּתְפּוֹרֵר אֲבָל הַנֶּפֶשׁ לָעַד הִיא צְעִירָה
תַּאֲמִינִי לִי. אֲנִי מַאֲמִינָה. אַךְ פָּנַי לְיוֹנָתָן
וַאֲלֶכְּסַנְדֶּר
חוּשׁוּ אַחִים אֶל הַקּוּסְבָּרָה
חוּשׁוּ חוּשׁוּ אַחִים
אֲנִי מְשׁוֹרֶרֶת הַהִיפֶּרְשׁוּק
אֲשׁוֹרֵר אֶת רִשְׁרוּשׁוֹ שֶׁל הַקּוֹרְנְפְלֵיקְס
וְאֶת עַקְמוּמִית הַמְּלָפְפוֹנִים הַמּוֹרְדִים
עַד שֶׁתּוֹשִׁיט לִי הַקָּפָּהדְרוּשֶׁמֶת
גִּרְסָה סוֹפִית וּמֻדְפֶּסֶת
שֶׁל שִׁירַי.

In the Hypermarket

I

Down the alleyways of this Hypermarket I push my trolley, mother
to these two cauliflowers, navigating according to the shopping list
  poem
I composed this morning over coffee.
The *special offer* signs flutter for those who study
the *genre* ingredients on packaging, and Claydermann's
charming the frozen poultry. Me too,
as I stroll among these shelves, wandering
down Dogfood Crescent
towards old Mr. Flinker, who whispers the secret in my ear,
that the body crumbles but the spirit is forever young.
Believe me. I believe. But I turn away to Bramley and Cox.
Hurry, hurry, get your Rosemary,
Hurry, hurry says the Hypermarket bard.
I will sing the rustle of cornflakes,
the curve of the mutinous courgette
until the check-out girl hands me
the final printed version
of my poem.

2.

מְשׁוֹטֶטֶת בַּהִיפֶּר בְּתוֹךְ מַהוּת עֲקֶרֶת־הַבַּיִת שֶׁלִּי
וּפִתְאֹם אַתָּה מִתְלוֹצֵץ לִי אָגִי בָּגִי
לְיַד הַחֲמוּצִים
וְאַחַר כָּךְ רַב מְזִמּוֹת
(הוֹי יוּד)
צוֹבֵט בַּאֲחוֹרַי לְיַד הַדֶּלִיקָטֶסִים
בְּעוֹד אִשְׁתְּךָ מִתְלַבֶּטֶת
בֵּין דִּבְרֵי הֶחָלָב
תָּרָה אַחֲרֶיךָ בִּשְׁבִיל
הַקְּבִיעָה הַסּוֹפִית:
חֲמִשָּׁה אָחוּז? תִּשְׁעָה אָחוּז?

ג.

אֲנִי חִבַּקְתִּי אוֹתְךָ
וְאַתָּה חִבַּקְתָּ אֲבַטִּיחַ
אֲנִי אָהַבְתִּי אוֹתְךָ וְאַתָּה לֹא
יָדַעְתָּ מָה לַעֲשׂוֹת
עִם הָאֲבַטִּיחַ
כִּי יָדֶיךָ שֶׁרָצוּ
לְחַבֵּק אוֹתִי
לֹא יָכְלוּ
לַעֲזֹב אוֹתוֹ
וּמִצַּד שֵׁנִי
מָה
תַּגִּיד חַכִּי
רַק אַנִּיחַ
אֶת הָאֲבַטִּיחַ?

II

I am loitering in the hypermarket in my housewife mode
when suddenly and teasingly, you pop up by the pickles
and call me "Agi Bagi"
and then, arch-conspirator,
you pinch my ass near the deli counter
while your wife,
in two minds, seeks you
among the dairy products
for a final decision,
low fat?
no fat?

III

I hugged you
and you hugged a watermelon
I loved you and you didn't
know what to do
with the watermelon
the hands that wanted
to hug me
couldn't let go
of the watermelon
on the other hand
what could you say
wait
just let me
put down
this watermelon?

הַשַּׂחְיָנִים

זְקֵנוֹת מִן הַדִּיּוּר הַמּוּגָן
בָּאוֹת בְּדִיּוּק בְּעֶשֶׂר לִשְׂחוֹת.
לְאַט הֵן מַשְׁקִיעוֹת אֶת גּוּפָן בְּתוֹךְ הַמַּיִם
וְאָז הֵן צָפוֹת שָׁם עַל פְּנֵי מַסְלוּלֵי הַשְּׂחִיָּה
וְרַק עֵינֵיהֶן נוֹצְצוֹת מִתַּחַת לְכוֹבְעֵי הַגּוּמִי הַוְּרֻדִּים.

מִפַּעַם לְפַעַם הֵן מִתְהַפְּכוֹת עַל גַּבָּן
וּמְפַרְפְּרוֹת כְּטוֹבְעוֹת בַּמּוּבָן הָרָחָב יוֹתֵר
וְאֵבְרֵיהֶן שֶׁהִתְמַזְּגוּ כְּבָר זֶה בָּזֶה
עַד שֶׁאֵין הֵם רְאוּיִים עוֹד לִשְׁמָם
מְבַצְבְּצִים פֹּה וָשָׁם מִן הָאֲדָווֹת
כְּאִלּוּ וִתֵּר שָׁם מִישֶׁהוּ עַל זוּטוֹת כְּגוֹן אֵלּוּ.

אַךְ אָנוּ הַשַּׂחְיָנִים הָאֲמִתִּיִּים הַקּוֹרְעִים אֶת הַמַּיִם,
שֶׁגּוּפֵינוּ הַשְּׁחֻמִּים מַבְרִיקִים בַּשֶּׁמֶשׁ
וּשְׁרִירֵינוּ חוֹגְגִים אֶת הַתְּנוּעָה
הַמְּגִיחִים מִמַּעֲמַקֵּי הַמַּיִם
וּבְרֵאוֹת מְלֵאוֹת צוֹלְלִים שׁוּב לְתוֹכָם,
מִתְקַשִּׁים לְהִתְגַּבֵּר עַל הֲנָאָתֵנוּ הַכְּמוּסָה
לַחֲלֹף כְּחֵץ עַל פְּנֵיהֶן
וּכִלְאַחַר יָד שֶׁל חֵן לְהַתִּיז עֲלֵיהֶן
אֶת מְשׁוּבַת נְעוּרֵינוּ.

וְאֵין בָּנוּ חֶמְלָה לַמִּתְחַזִּים.
לְהֵפֶךְ,
בִּרְמָזִים גַּסִּים אָנוּ מְסַלְּקִים אוֹתָן
לִמְקוֹמָן הָרָאוּי שֶׁהוּא בְּשׁוּם אֹפֶן לֹא כָּאן בֵּינֵינוּ
הַשּׂוֹחִים
וְהַנִּטּוּלִים כָּל עִנְיָן לַחֲזוֹת דַּוְקָא עַכְשָׁו
בַּתַּכְלִית אֵלֶיהָ אָנוּ חוֹתְרִים –

The Swimmers

Old ladies from the retirement home
come at precisely ten o'clock to swim.
Slowly they sink their bodies into the water
and they float there in the lanes,
their eyes glittering under pink bathing caps.

From time to time they turn on their backs
and flap as if they were actually drowning,
their limbs merging one into the other —
no longer even clearly limbs —
popping up out of the wavelets,
the naming of parts is no longer relevant.

But we the real swimmers tearing through the water
our bronzed bodies shining in the sun,
our muscles celebrating the movement,
burst from the depths
and with full lungs plunge back down —
it is hard not to indulge in the pleasure
of shooting past them like arrows, casually splashing them
with exuberant youth.

And we don't have compassion for frauds,
to tell you the truth
we drive them away with unsubtle ploys
to where they belong which is certainly not here with us,
the swimmers,
who have no immediate interest in seeing
the goal toward which we crawl.

גְּרָוִיטַצְיָה, הַמָּוֶת

כַּמָּה נֶחֱלַשׁ כֹּחַ הַהִתְנַגְּדוּת שֶׁלּוֹ לְכֹחַ הַמְּשִׁיכָה
הַשֵּׂעָר נוֹשֵׁר, הַלֶּסֶת נִשְׁמֶטֶת וְהָרֶגֶל שׁוּב אֵינָהּ נִתֶּקֶת
מִן הָאֲדָמָה
הַגּוּף הָאוֹזֵל נִכְפָּף אֵלֶיהָ וְרַק עוֹד מַקֵּל הֲלִיכָה
מַפְרִיד בֵּינוֹ לְבֵינָהּ כְּמִין אַרְכָּה.

הוּא יוֹשֵׁב מוּלִי אָפוּף מִשְׁפָּטָיו הַפְּרוּמִים
וְעוֹרוֹ כְּבֶגֶד שֶׁמִּישֶׁהוּ בְּחָפְזוֹ הוֹתִיר
עַל הַכִּסֵּא

לְרֶגַע אֲנִי יוֹשֶׁבֶת עִם אָבִי וּלְרֶגַע אֲנִי יוֹשֶׁבֶת עִם מוֹתִי
הַמִּתְיַדֵּד אִתִּי דֶּרֶךְ אָבִי הַמִּתְפּוֹרֵר הַמַּתְחִיל
לְהַחֲזִיר לָרוּחַ אֶת אֲשֶׁר לָרוּחַ
וְלֶעָפָר אֶת אֲשֶׁר לֶעָפָר.

Gravity, Death

How weakened his resistance to the law of gravity:
the hair falls out, the jaw drops, the foot no longer lifts
from the ground. The spent body stoops and only the walking stick
keeps him going – deadline deferred.
He sits in front of me lost in the midst of his unravelling sentences,
his skin like a garment someone hastily dropped
on a chair.

I sit with my father, and for a moment I sit with my death,
a friend now through this crumbling man,
who has begun to give back to spirit what is due to spirit
and to ashes
ashes.

★

כְּשֶׁמַּתִּי כְּבָר הָיִיתִי
לְגַמְרֵי קֵהֶה

מִכָּל מַה שֶּׁהָיָה שָׁם
אֲנִי זוֹכֵר
צָמָא נוֹרָא לַאֲוִיר

וְאֶת הַחִיּוּךְ הַמְטֻפָּשׁ
שֶׁל שִׁנַּי
שֶׁנָּחוּ בִּלְעָדַי
בַּסֵּפֶל.

Untitled

When I died I was already
totally numb.

Of all that occurred
I remember
a terrible thirst for air

and the stupid grin
of my teeth
resting without me
in the cup.

הִתְגַּלּוּת

מְקֻדָּם מְאֹד בַּבֹּקֶר
רָאִיתִי עַל חֶבֶל הַכְּבִיסָה שֶׁלִּי
מַלְאָךְ וָרֹד תָּפוּס בְּקְלִיפְּס
וַחֲתַלְתּוּל שָׁחוֹר
מִתַּחְתָּיו
מְנַסֶּה לִתְפֹּס
בְּשַׁרְווּלוֹ

Revelation

Very early in the morning
I saw on my clothesline
a pink angel held by a peg
and a black kitten
below it
trying to snag
a sleeve.

לִפְנוֹת עֶרֶב

אוֹר אֲלַכְסוֹנִי רַךְ וְזָהֹב
חָמַל פִּתְאוֹם עַל חֲדָרַי
וְגַרְגְּרֵי אָבָק מַמָּשׁ מוּל עֵינַי
נִצְּתוּ בְּזָהָב.
וְנִצְּתוּ גַּם כְּלֵי הַזְּכוּכִית
וְקוּרֵי הָעַכָּבִישׁ הַמֻּשְׁלָמִים
וּבַמִּשְׁקוֹפִים נִלְכְּדוּ כְּחָלִים שֶׁאֵין
לְתָאֵר בְּמִלִּים
וְנִצְּתוּ גַּם סְפָרַי הָאֲהוּבִים הַמְּצֻפָּפִים
עַל הַמַּדָּפִים:
אוֹר לְטֵף אֶת רְשִׁימוֹתָיו
שֶׁל מַלְטָה לָאוּרִידְס בְּרִיגֶה
וְאֶת זִכְרוֹנוֹת אַדְרִיאָנוּס
וְסָרָמָאגוּ,
אֶת ווֹלֶס סְטִיבֶנְס, שְׁכֵנָם
שֶׁל פֶּסוֹאָה וְקָוָאפִיס
וּמַדְרִיךְ כִּיס לְהֹדּוּ
שֶׁנִּקְלַע בֵּינֵיהֶם.

בַּחוּץ חָלְפָה מְכוֹנִית,
מִישֶׁהִי קָרְאָה לַאֲרוּחַת הָעֶרֶב,
וְגוּפִי הַמְּרֻשָּׁל עַל הַסַּפָּה
לֹא זָע דָּבָר.

אֲנִי פֹּה,
קְעָרָה שֶׁל הָרֶגַע
וְאֵין לִי אַף שְׁאֵלָה.

Twilight

A shaft of slanting yellow light
took sudden pity on my room
and dust motes danced before my eyes
lit up with brilliant gold. The glass vase shone
and the perfect spiderwebs,
and blues that cannot be described
were trapped in the windowframes.
My favourite books crowded the shelves:
light fell on the Notebooks
of Malthe Lauritz Brigge
and The Memoirs of Adrianus
then Saramago
and Wallace Stevens, the neighbour of
Pessoa and Cavafis,
and the Berlitz guide to Turkey
somehow stuck in among them.

Outside a car is going by
a woman is calling children to supper
I lie on the sofa
languorous, unmoving.
I am here.
I am the bowl that holds this moment
and I have no question.

★

כֻּלָּנוּ כָּאן –
אֵלֶּה מֵאִתָּנוּ הַחַמִּים וּמִתְרוֹצְצִים עַל פְּנֵי הָאֲדָמָה
וְאֵלֶּה הַקָּרִים הַטְּמוּנִים כְּבָר בְּבִטְנָהּ –
צַיָּרֵי אֹשֶׁר וַעֲרִיקֵי סֵבֶל
שֶׁהַמַּלְאָכִים מְנַדְּבִים אוֹ שַׁעֲשׁוּעַ, הֶעֱנִיקוּ לָנוּ רֶגַע שֶׁל בְּדֹלַח,
לְטוּף אוֹר שֶׁמֵּהֶסַּח דַּעַת יָכֹלְנוּ לָחוּשׁ בּוֹ –
מִתְחַבְּקִים עַכְשָׁו זֶה עִם זֶה כְּנֶאֱחָזִים
הַמְצָרְפִים אַהֲבָה לְאַהֲבָה

וַאֲנַחְנוּ מִתְבּוֹנְנִים זֶה בָּזֶה
בְּפִלְאֵי הַפָּנִים שֶׁאֵין לָהֶם אָח,
וְנוֹגְעִים זֶה בָּזֶה
בְּפִלְאֵי הָאֶצְבָּעוֹת וְחָכְמָתָן הַנִּבְדֶּלֶת מֵחָכְמָתֵנוּ,
בְּחִיּוּכֵנוּ הָרָחָב וְשִׁנֵּינוּ הָרְבוּעוֹת
וְהָאִי־מְחַרְחֲרוֹת רִיב
שֶׁאָנוּ מְגַלִּים זֶה לָזֶה,
בְּמַגָּעֵנוּ הַמִּתְרַגֵּשׁ, הַחַם וְהַחוֹשֵׁשׁ
(כִּי הַזּוּלַת תָּמִיד הוּא רֹשֶׁם עַז מִנִּשָּׂא,
חִידָה שֶׁפִּתְרוֹנָהּ מְרֻמָּז רַק בְּמַבָּטוֹ
הַנִּשְׁקָף כְּרְאִי)

וְהַחֶמְלָה –
הַנְּשִׁימָה הַחֲמִימָה הַנּוֹשֶׁבֶת בַּיְקוּם,
מְרַכֶּכֶת אֶת בְּשָׂרֵנוּ הַבָּהוּל תָּמִיד קָדִימָה
וּמַעֲלָה אֶת הַבְּכִי הַכָּמוּס, הַפְּנִימִי,
כְּשֶׁמַּשֶּׁהוּ מֵחֲרַךְ הָרְאִיָּה שֶׁכְּבָר נִפְעַר בָּנוּ
מַשֶּׁהוּ מִשָּׁם תָּמִיד
רוֹאֶה,
רַחוּם עַל הֱיוֹתֵנוּ אֲנָשִׁים,
חַנּוּן עַל הַשְּׁכָבוֹת שֶׁכֹּה מִתְגַּעְגְּעוֹת לְמָעוֹף –

Caress

We are all here –
the warm and quick on the face of the earth
and the cold ones already hidden in its belly –
hunters of happiness, deserters from suffering,
granted a crystal moment by capricious angels,
a caress of light which takes us by surprise –
embracing one another,
clinging,
fusing love to love.

And we gaze at one another,
each face unique,
and we touch one another
with the wonder and wisdom of fingers;
with our disarming smiles, the square
unquarrelsome teeth
we show one another,
with our excited hot hesitant touch
(for the other is always an impression too hard to bear,
a riddle whose answer is barely hinted at
in the mirror of his eyes).

And compassion –
that warm breath blowing through the universe
thaws our taut flesh,
draws out our deeply buried weeping –
something watches through the chink in us,
something there that always
sees
pities our being human,
pities our poor shoulder-blades
that long to fly.

Agi Mishol was born to Holocaust survivors in Hungary in 1947 and went to live in Israel at the age of four. She studied Hebrew Literature at the Hebrew University in Jerusalem. She now lives in Kfar Mordechai where she farms and teaches creative writing. She translates esoteric literature and her poetry has been translated into French, Spanish, Arabic and English. Her books include *Here* (Tag,1997), *The Interior Plain* (Hakibbutz Hameuchad,1995), *Fax Pigeon* (Hakibbutz Hameuchad, 1991), *Plantation Notes* (Keter,1987) and *Galop* (Hakibbutz Hameuchad, 1983).

The poems in this book are from *The Interior Plain*, *Here*, *Fax Pigeon* and from her forthcoming collection.